記日常筆

鄭啟晞

在不尋常之中尋找日常

目錄

本書能夠順利完成，絕對不是我一個人的功勞。衷心感謝父母，
哥哥及所有曾經給我鼓勵和協助的各方好友。

特別感謝

瑪 麗 醫 院
孔繁毅教授
唐志聰醫生
韋 樂 申 醫 生
曾 迅 醫 生
及所有醫護人員
謝謝你們對我父親及所有病人的悉心照顧。

鳴謝

畫冊影像製作
小明 Sir@ 明輝文化傳媒
濤 @LayerGear

校對

黎社長 @ 初文出版

一

序

——鄭啟泰

我們鄭氏一家的關係，因這件事情，更愛彼此。

小時候覺得媽媽是英女皇，外表幽雅、負責任、有愛心，我就是她的哥基小狗，在她身邊跟她去幫我放電，被寵愛。

爸爸是偶像，英俊高大，樂觀幽默，寫得一手好字。小時候他帶我去珠江戲院看他和同事打乒乓波，像是奧運運動員一樣厲害，球球落枱，擲地有聲，令我嘆為觀止。有時，他會帶我去畫室，把一張 3R 照片，分成三十六個小格，再把每個小格畫在三十六塊大板上，再把它們合起來掛在戲院外，遠遠便看到他的巨作，爽！

至於妹妹，她是全家之寶，美麗，永遠能夠保持自我。

偶像爸爸病了，她用她的方法記下一切，將眼中的過程、過客、小事情，用自己獨特的看法、完美記錄起來。她是我們鄭氏一家人的驕傲。

—

前言

1 多倫多封城

有誰會想到，在 2020 年我們會經歷一個世界大疫症；更想不到的是，這個疫症仍然繼續肆虐，到現在已經三年了。

全世界也因為 COVID-19 疲於奔命，經濟亦大受影響，直至 2022 年 8 月，已經有六百多萬人因染疫而失去生命。

清楚記得多倫多是在 2020 年 3 月 17 日第一次封城，自此我們也要學習如何面對這個新常態。幸運的是，一家人倒也以平常心面對，各自找到自己的小興趣，留在家中也可以樂趣無窮。但想不到的是，爸爸大概也是在那個時候，健康開始產生了變化。

我們留意到爸爸的體重一直下降，那時候還以為是否封城的緣故，他沒有一如過往的和朋友每天在外聚會飲茶，消瘦了似乎可以理解。

大約到了 2020 年 6 月，爸爸到了家庭醫生處檢查，但因為當時多倫多的疫情仍然不穩，為了盡量避免接觸醫療機構這些比較高危的場所，所以只是做了驗血、照肺這些普通檢查。當時，醫生也沒有發覺任何異樣，爸爸的精神狀態也十分好，我們也就放下心來。

可是，當時丈夫提醒我，由於疫情關係，如果年邁的父母遇有緊急事故要進醫院，我

們不能陪伴翻譯及照顧，語言溝通將會是一個很大的障礙。幾經考慮，我們決定等待直航班機恢復，便立刻陪伴父母回香港暫住一段時間，等待疫情過去才回多倫多。

終於我們一行三人，在 *2020 年 10 月 2* 號，乘坐加拿大航空 *AC016* 班機從多倫多直飛香港。

2 回到香港：機場的十二小時

我們經過了十五個小時由多倫多去香港的長途旅程，沒有想過在機場又要等候長達十二小時的新冠病毒檢測。

那天是中秋節追月之夜，望向機場的大玻璃外，平靜的跑道上清楚看到漂亮的日落，繼而又大又圓的月亮升起，感覺有點不真實，像置身電影中的未來世界。

疫情之下，香港政府規定所有入境旅客需在機場接受新冠病毒測試，一般需要的時間是大約三至四小時，要等候陰性報告出來，才可以回家接受十四天的居家隔離。抵埗那天我們安心的靜候，整個機場很冷，旅客只是獲分配一張小枱子及小椅子，清水及餅乾，給我們補充體力及打發時間。我一路留意着父母的狀態，始終已經八十多歲，實在擔心他們捱過了長途機程之後，身體會負荷不到這長久的等候，哥哥及眾多朋友也不停的發短訊給我，問候我們的情況。

結果我們差不多等了十二小時才能離開機場，回到家中已經是第二天的凌晨三時，大家也終於鬆一口氣，安心接受政府規定的十四天居家隔離。

由於父母打算暫居香港一段長時間，生活回復正常之後，哥哥便建議帶父母見一見醫

生，領取他們的恆常藥物，兼及安排一些身體檢查，包括腸鏡檢查。

3 確診直腸癌

2021 年 3 月 10 日，我們一家人用輕鬆的心情把爸爸送到醫院，在我們的心目中，爸爸只是接受一個很簡單的直腸檢查，哥哥還選了中環一間我們很喜歡的餐廳，打算陪媽媽吃完豐富的早午餐，各自回家休息一下，便差不多可以回醫院接爸爸出院了。

到了下午一時，媽媽已預備好食物，打算帶到醫院，給餓了半天的爸爸吃，她穿戴整齊的一直坐在客廳沙發等候醫院消息。到了中午的時候，她開始問我，為什麼那麼久醫院也沒有打電話來？我也不知不覺的心急起來。

一直等到下午三時，接到哥哥的一個 WhatsApp 短訊。

Forwarded: 孔醫生：

「爸爸有胃炎及幽門螺旋菌，已經給藥。

直腸有惡性瘤，會安排做手術，下星期會見多一次，確定報告，惡瘤位置切除後應該沒有問題，有機會在肚開個口，不過只是有機會。

會建議去私家醫院做個電腦掃描，看看有沒有其他地方有腫瘤。

如果只是直腸，切除便沒事了。」

當時我只簡單問了哥哥幾個身體狀況的問題，接下來要處理的是用什麼方式去告訴等

待中的媽媽。

我在 *WhatsApp* 中問哥哥：*"Do I need to brief mom first？"*

他答：可以

我：我想想如何

哥：辛苦你了

我大約用了十分鐘時間在心中組織如何告訴媽媽，心中只確定一件事，便是要盡量保持一家人生活如常。

那天之後，我們便一起陪伴爸爸打這一場仗。

4 醫院速寫

爸爸確診之後，由於我在香港不用定時上班，一切他的身體檢查及治療便由我來作伴。

爸爸大約每星期兩次要到醫院檢查或治療，候診期間，我總會取小畫簿來練習速寫：畫爸爸，畫其他病人，甚至他們的陪伴者及醫護也成為了我的速寫對象。

因為我拿著畫簿，偶爾其他病人和家屬會主動和我攀談，主動訴說病情，還會互相鼓勵。在我眼中，他們都是樂觀正面，勇敢面對疾病及治療。漸漸地，在我的素描筆下，平日感覺冰冷的醫院，開始有了溫暖人心的人、事、物。黑白的筆觸，也有了彩色的質地。

僅以此書送給我的巨人父親及家人

確診直腸癌之後，爸爸只用了兩天時間去消化事情，之後的生活便是真的保持著「如常」。

　　因為他的正面樂觀，所以才出現了這一本「筆常日記」。

　　他令我領悟，疾病不是他和我們一家人的全部，治療及經常往返醫院的日子，只是我們生活的一部份，生活中還有很多美好的事情等待我們去欣賞。

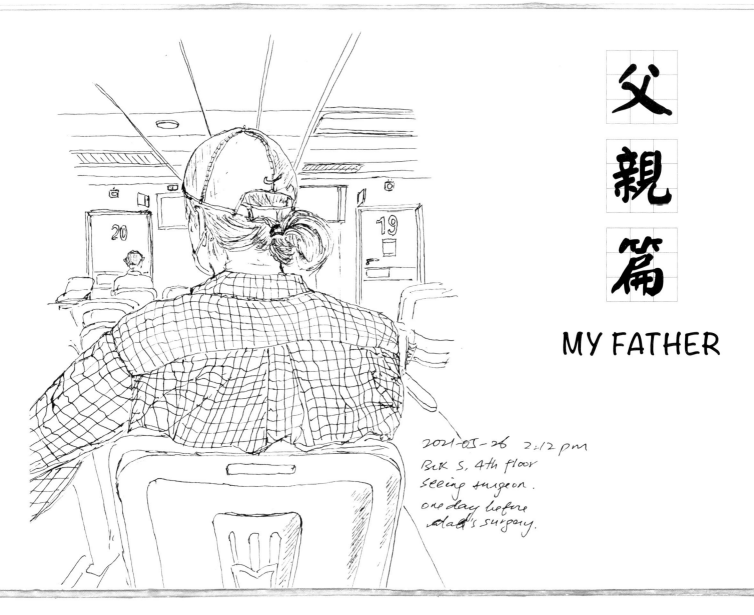

父親篇

MY FATHER

2021-05-26 2:12 pm
Bik S, 4th floor
seeing surgeon.
one day before
dad's surgery.

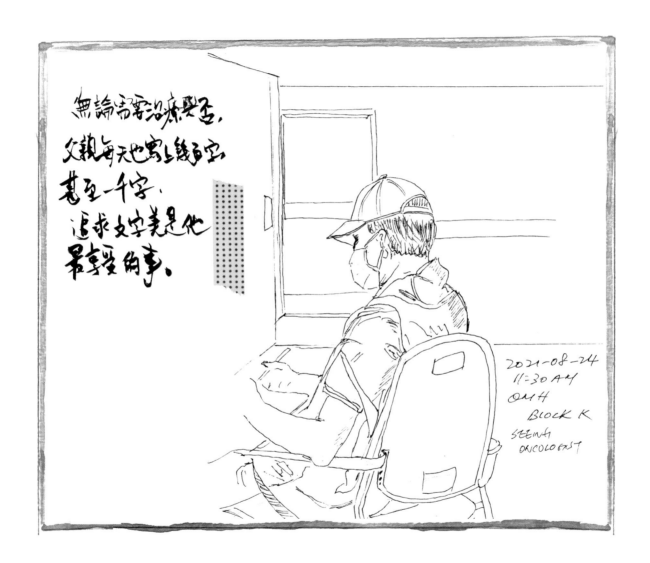

DAD'S BRUSHES
AND HOLDER

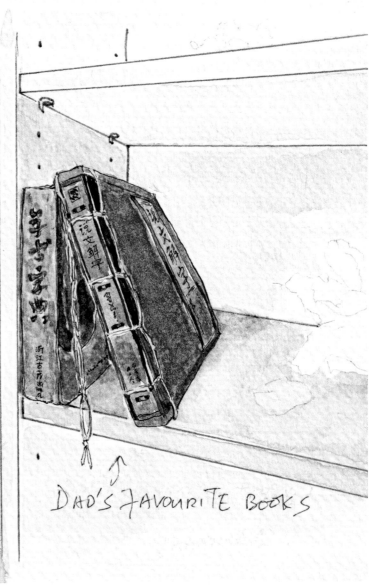

DAD'S FAVOURITE BOOKS

女兒：你心情如何？
父親：一切如常！
女兒：會感到害怕嗎？
父親：不！一切聽佢
　　　醫生吩咐！

Doctor told us today
that Dad needed 12
sessions of chemotherapy
treatments

2021-06-28
12:30pm
Clinical Oncologist
62.2kg
OMH

我常常坐在父親身後，埋頭專心
畫他的背影。完成之後會 WHATSAPP
給他看，他總會給我一個 LIKE。

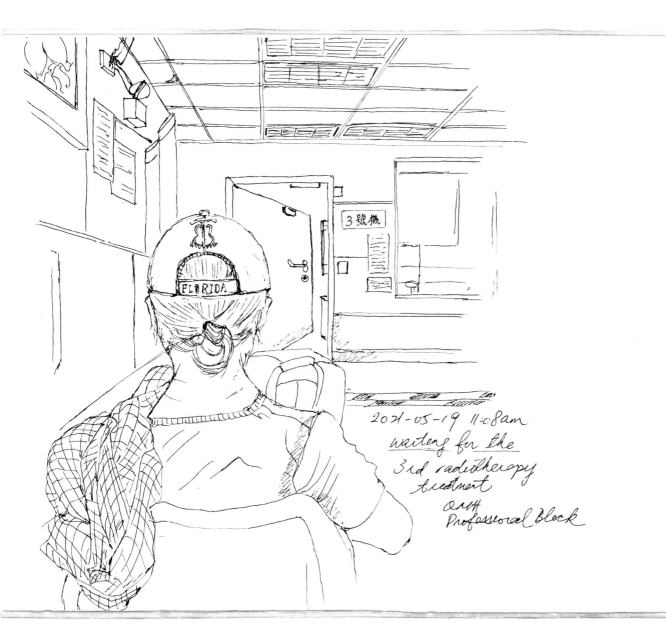

2021-05-19 11:08am
waiting for the
3rd radiotherapy
treatment

at
Professional Block

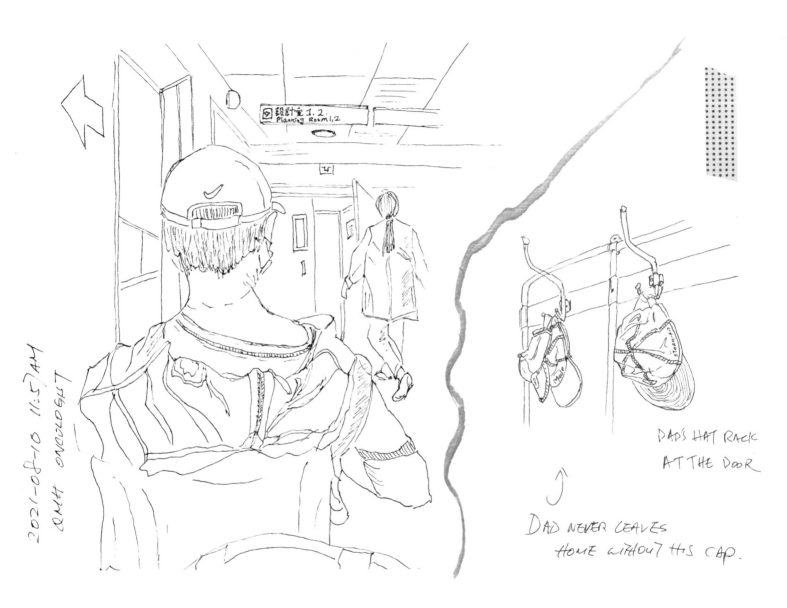

設計室 1.2.
Planning Room 1,2

2021-08-10 11:57AM
DONGGANG HAND

DAD'S HAT RACK
AT THE DOOR

DAD NEVER LEAVES
HOME WITHOUT HIS CAP.

← HE ALWAYS
SITS UP
STRAIGHT
NO MATTER
WHAT !

2021-08-10 12:25pm 教授樓 QMH

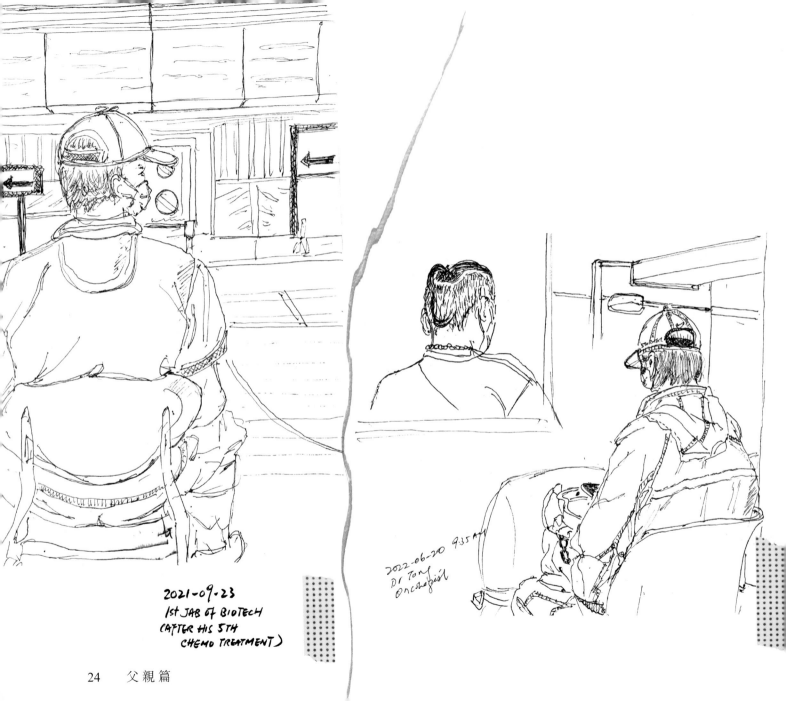

2021-09-23
1st JAB OF BIOTECH
(AFTER HIS 5TH
    CHEMO TREATMENT)

2022-06-20 9:35AM
Dr Tong
Oncologist

父親的體重已經回升
到70.8kg了.這是送給
媽媽最好的生日禮物

2021-11-12

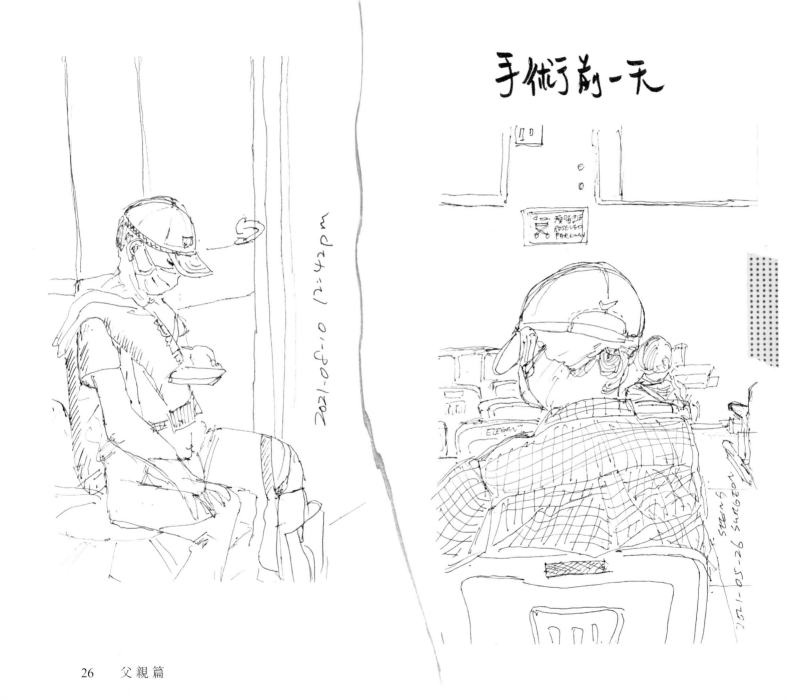

手術前一天

父親成為了我的速寫對象，
也因此成就了這本書。

在候診室中，有時候我分不清楚誰是患病者，誰是陪伴者。

或許現在的治療藥物副作用已經減得很低，治療期間，他們的生活質素已經沒多大影響。

很多時候，我會在那裡聽到他們接受電療或化療之後，還去約會朋友吃午餐，接小孩下課，上班，甚至談生意。

候診室中的人

PEOPLE IN THE
WAITING ROOM

Patient was reading
a newspaper at block
S. 4th waiting room.
It's kind of rare finding
someone's reading other
than looking at the
phone.
2022-06-01 11:16am
Dad's stoma clinic
appointment

2022-06-01 11:38AM.
sometimes I wonder who's the
patient and who's the company.
she's with her husband!

丈夫看報紙,她看
手機.沒有交談.
但陪伴已經是世上
最貴重的禮物.

2024-07-26
12:17 PM
Oncology

LOTS OF BEAUTIFUL
HATS IN THE
WAITING ROOM

2021-09-28
12:07pm
SEEING DR TONG BEFORE SIXTH
CHEMO TREATMENT.
DAD'S WEIGHT 67.4kg

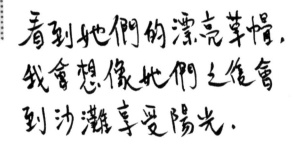

看到她們的漂亮草帽，
我會想像她們之後會
到沙灘享受陽光．

2021-07-12
12:00 pm.
oncologist dept.

Dad will start his 1st
chemo treatment tomorrow.

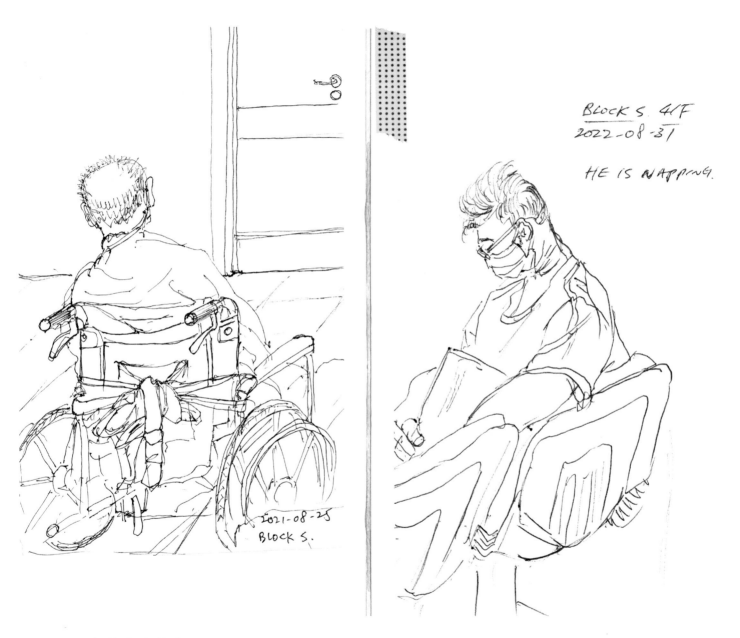

BLOCK S. 4/F
2022-08-31

HE IS NAPPING.

2021-08-25
BLOCK S.

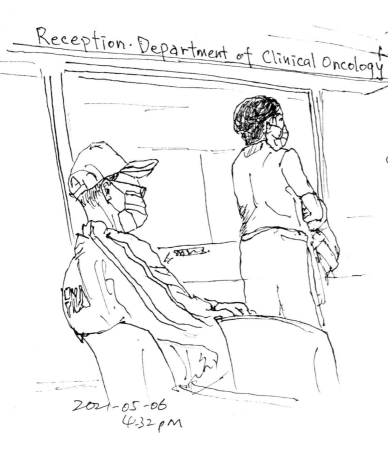

Reception. Department of Clinical Oncology

PATIENTS AND THEIR COMPANIES QUIETLY WAITING FOR THEIR TURN TO SEE DOCTORS.

2021-05-06
4:32pM

拿著小畫簿，細看各人的動態、與表情，我還幻想，他/她們的身份和背景。

QMH PROFESSORAL BLOCK.
DAD'S BLOOD TEST.
2021-08-2？ 5:15PM

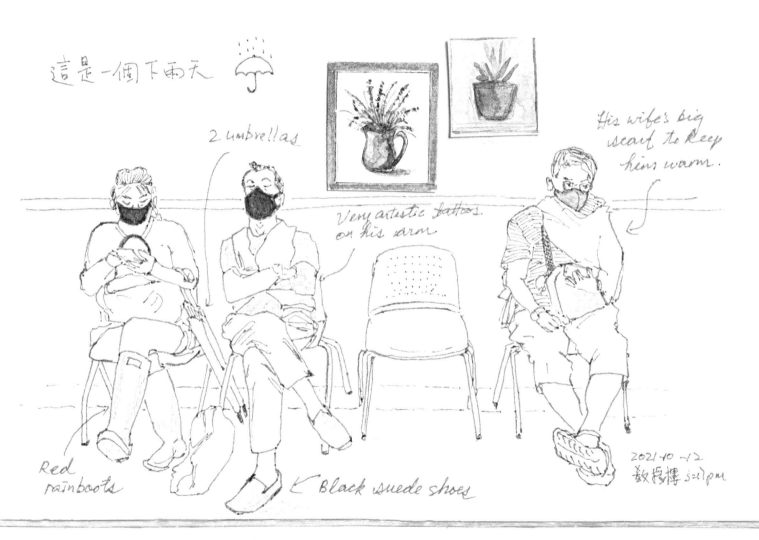

這是一個下雨天

2 umbrellas

His wife's big scarf to keep him warm.

Very artistic tattoos on his arm

Red rainboots

← Black suede shoes

2021-10-12
教授樓 5:21pm

STYLISH PEOPLE AT THE HOSPITAL

THIS IS A VERY
YOUNG PATIENT.

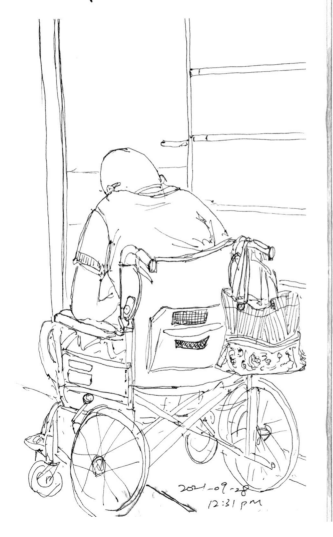

2021-09-28
12:31 PM

2021-09-28 ONCOLOGIST
RANDOM PATIENT.

MOST PATIENTS ARE VERY
BUSY WITH THEIR PHONES.
AND I AM BUSY SKETCHING
THEM.

SHE'S SENDING HER
LOVED ONE FOR
CHEMO TREATMENT

HOSPITAL A/C COULD
BE KIND OF COLD!

2021-10-01
ND 2
11:30AM

2021-11-12

這是一張最簡單，最快的速寫，但印象也最深刻。

我一直在等候着，想知道是這位爸爸看醫生還是兒子身體不舒服。

最後知道小朋友是陪伴爸爸看醫生的，內心禁不住鬆了一口氣。

小孩子的爸爸，請加油！

A FATHER AND HIS SON

THIS LITTLE BOY'S SHOES
WERE ON THE FLOOR.
HE'S FOCUSING ON HIS
VIDEO GAME.

GRANDSON OF A PATIENT

2021-10-29
12:12 pm

DAD'S WEIGHT
10.1 kg

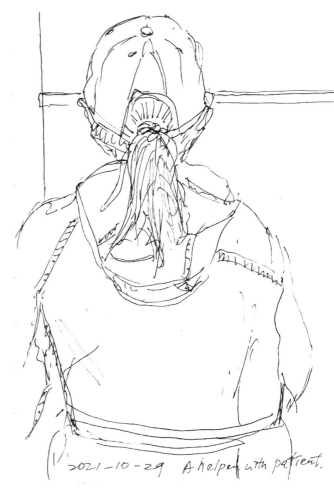

2021-10-29 A helper with patient.

HELPER OF AN
ELDERLY LADY

2022-09-28 QMH
4:15pm

2022-11-14
敬偉才良 QMH
Pm's weight
72kg
BMI 23.5

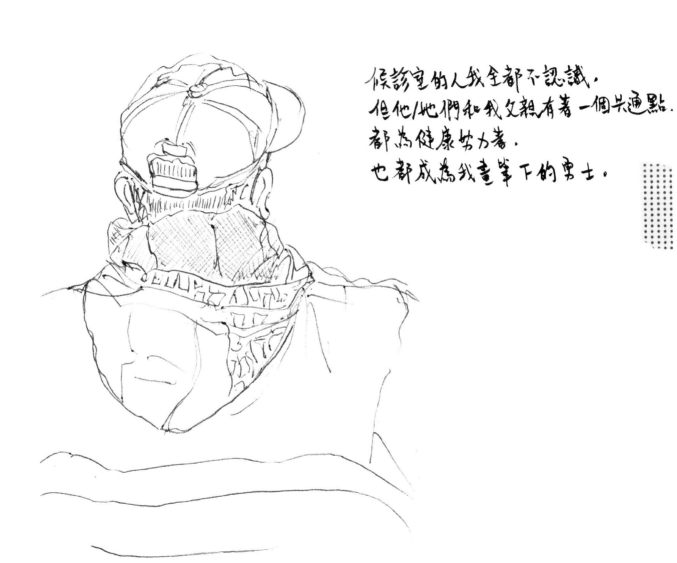

候診室的人我全都不認識.
但他/她們和我父親有著一個共通點.
都為健康努力著.
也都成為我畫筆下的勇士。

THEY HAVE BEEN HOLDING EACH
OTHER'S HANDS FOR 60 YEARS !

LOVE IS STILL
GROWING STRONG .

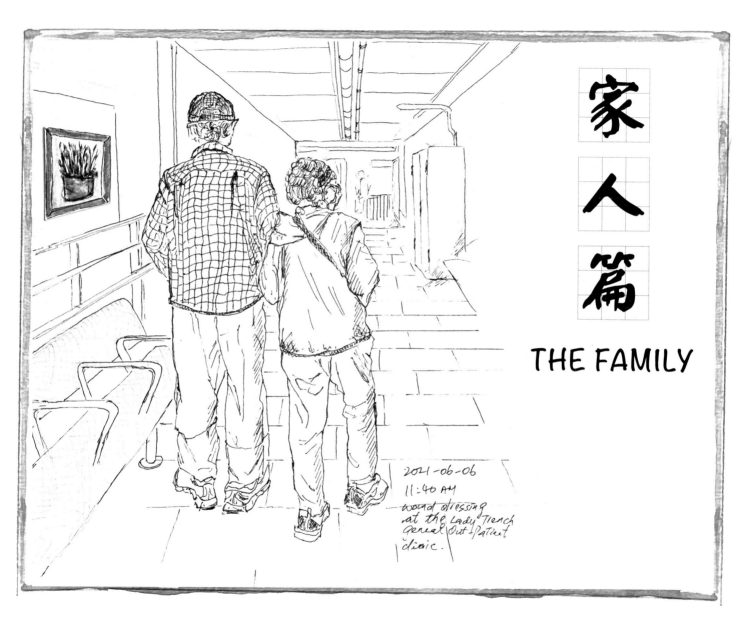

家

人

篇

THE FAMILY

原,來愛和癌這兩個字,
在國語的拼音中也是 `AI`,
我們是否可以在親人患上
疾病時,帶出更多的愛?

2021-03-29 HK Disneyland
19 Days after dad
was diagnosed with
Cancer

ERIC LOVES HIS
JUNKY SOCKS 👍
LOL 😂.

DAD'S 4TH CHEMO
TREATMENT
2021-08-25

這是我的小姨，
她給予我們無限的
支持和愛護，
猶如家人。

2021-10-01 10:33 AM
DAD's 6th chemo
Auntie with us

媽媽是一個富經驗的退休護士,照顧父親手術後傷口的任務便由她一口氣辦了。

2024-05-28 4:22pm
next day after the surgery

mom learnt to change
dad's colostomy bag.

We went for a coffee after Dad admitted to the hospital

50cm

36cm

RINA的
插花表醫！

父親：我去化療了！
RINA：公公加油！快些回家！

2021-08-13
Dad finished his 3rd chemo
treatment

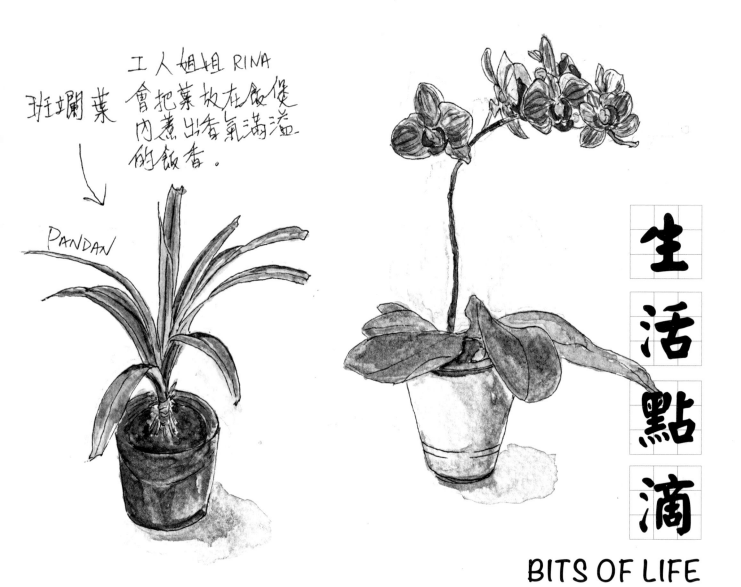

工人姐姐 RINA
班爛葉 會把葉放在飯煲
內煮出香氣滿溢
的飯香。

PANDAN

生活點滴

BITS OF LIFE

DAD'S FAVOURITE HOMEMADE
SANDWICH BY RINA

爸爸最愛
花生炆豬手！

↑ DAD LOVES HIS BURGER
BUT HATES THE TOMATO!
LOL!

陪伴父親在醫院治療的日子，有時候等待時間很長；偶然會聽到醫護人員很大聲的對着病人說話，像是很沒禮貌似的。

　　後來才明白，因為大部份的病人也是長者，不高聲說出指引，他們會聽不清楚。

　　每次回家途中，父親都會說，醫生和護士們的工作實在太辛苦了。

醫護篇

THE
CAREGIVERS

自從習慣了在陪伴父親時練習速寫，
便常把小畫簿帶在身邊，
沒想到會一直堅持的畫下去，
已經超過一百張了。

THIS IS MY VERY FIRST SKETCH AT QUEEN MARY HOSPITAL

2022-08-31
DAD IS SEEING
SURGEON TODAY

NURSE
OUTSIDE THE
WAITING ROOM.

A busy nurse
delivering
medical
supplies.
OMH

ANOTHER BUSY NURSE
CARRYING PATIENT'S
X-RAY FILMS.
QMH

WOUND AFTER
DRESSING AFTER
SURGERY

2021-06-04
GOVERNMENT CLINIC
TSUEN WAN

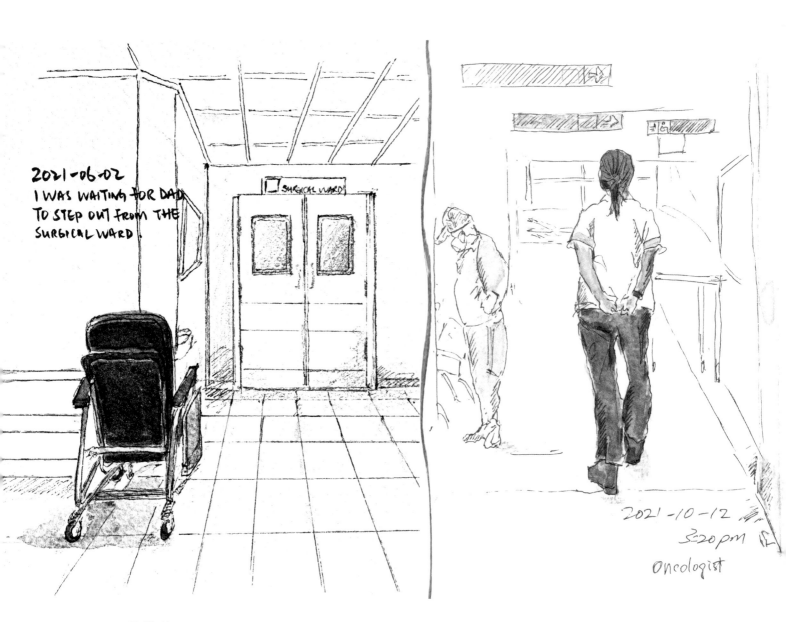

2021-06-02
I WAS WAITING FOR DAD
TO STEP OUT FROM THE
SURGICAL WARD.

SURGICAL WARD

2021-10-12
3:20pm
Oncologist

A COLORFUL
BENCH AT
THE CMH

PROFESSORIAL BLOCK
OATH

2021-11-12 1:00 pm
Professorial Block
  seeing Dr. Tong before dad's
8th chemo. treatment.

A MAN ACCOMPANYING HIS MOTHER OUTSIDE BLOCK K.

2021-03-17
DAD'S FIRST RADIOTHERAPY TREATMENT

WHEELCHAIR PARKING OUTSIDE BLOCK S.

A TROOP OF WHEELCHAIRS !.

正院
MAIN BLOCK

2021-05-17 11:20 AM
MAIN BLOCK QMH   10 Days before dad's surgery

HELLO DOCTORS AND NURSES !
WANT A COOKIE ?!.
Bread & Cookies
REPAIR IN PROCESS

作為女兒，我每星期都會陪伴父親到醫院接受檢查或治療。
我們會閒談書法，藝術和日常。
這段一起勇敢面對逆境的日子，也成為了我們父女一個特別的回憶。

2021-10-01 11:15AM
DAD'S 6TH CHEMO
TREATMENT.

THE
DAUGHTER

Dad discharged
from the hospital
spending 7 days
at the hospital
after surgery.
lost 7 lbs.

2021-06-02
這一天父親
出院了。

2021-06-02 4:41pm.
BLOCK S. 1/FL
PHARMACY

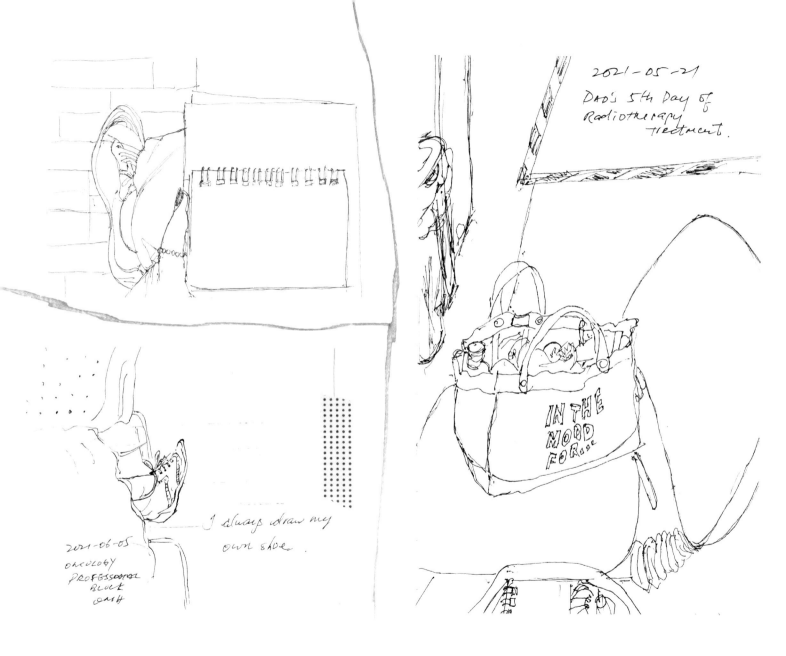

2021-05-21
Dad's 5th Day of
Radiotherapy
treatment.

IN THE MOOD FOR...

I always draw my own shoe.

2021-06-05
ONCOLOGY
PROFESSIONAL
BLOCK
OAI4

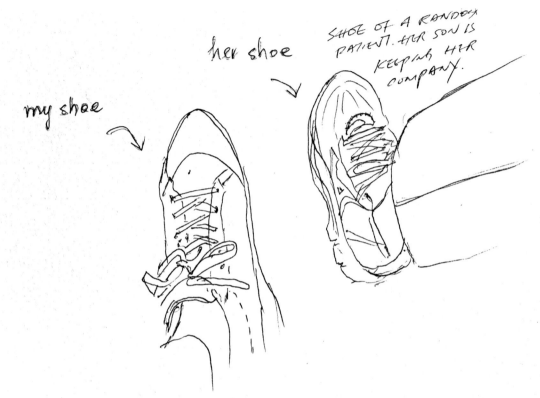

my shoe

her shoe

SHOE OF A RANDOM PATIENT. HER SON IS KEEPING HER COMPANY.

Keeping Dad company for his CT scan and overheard the conversation between an elderly patient and her son. He's comforting his mom, telling her that everything would be okay.

一個風和日麗的下午，
我問父親：「為什麼外面天氣那麼好，
我卻躲在屋內製作這書？」
父親微笑淡然一句：「因為有意義。」

2022 年 12 月 23 日　晴天

下午四時，我心情愉快地抵達香港國際機場，準備乘搭 *Cx826* 回多倫多，和丈夫，兒子及小狗一起過聖誕節。

因為照顧父母，已經離開加拿大九個月了，終於到了返回丈夫身邊的日子，心裏又快樂又期待。

沒有想到，航班因為多倫多雪暴突然取消了，我來不及反應，只懂小聲哭泣（很失禮，但旁邊有一位男士大聲責罵無辜的地勤人員，比我更失儀！ *lol* ）

幸好身邊朋友安慰下我才能回復少許理智，合理地安排了三天後的航班回加拿大；但已經錯過了一起渡過聖誕節了。

原來和親人見面真的不是必然，讓我更明白珍惜每一刻的相處，每一個擁抱，每一個暫別。

給丈夫 , Chris

感謝你二十六年來的愛護和照顧，待我父母尤如自己的好，身邊所有的朋友也為此而感動。

感謝你多年來也容忍我的烹飪技術沒有進步過，仍然處於大學時代的學生餐階段，但你把我煮的食物全部都吃進肚子裏。

感謝你容忍我的依賴，缺點，小脾氣，古怪性格（咖啡，雪糕，即食麵我絕對不會和

你分享）。

　　感謝你體諒我這幾年長期留在香港照顧父母。

　　感謝你支持我去追夢。

I love you

To my son, Hugo

Thank you for being such a kind, humble, independent, and smart young man, I learn from you more than I can teach you,

I am lucky and proud to be your mom,

I love you,

P.S. Sorry that you have to learn cooking from YouTube ,

You cook better than me and you definitely look better than dad (don't tell dad),

To my Frenchie, Billy,

Thank you for your sweetness, stubbornness, playfulness (you break every new toy in 5 minutes), silliness, and unconditional love,

Thank you for being you,

I love you,

P.S. I will keep you fat and you can sleep in my bed, (Don't tell dad or H)

捐助聲明

　　本書所得之作者收益將不扣除成本全數撥捐「香港防癌會」作慈善用途。「香港防癌會」透過倡導、推動各界共同參與、賦予能力及幫助所有有需要人士以對抗癌症，為癌症病人送上祝福。

「香港防癌會」網址

https://www.hkacs.org.hk/tc/index.php

筆常日記

作　　　者：鄭啟晞
責任編輯：黎漢傑
法律顧問：陳煦堂　律師

出　　　版：初文出版社有限公司
　　　　　　電郵：manuscriptpublish@gmail.com

印　　　刷：陽光印刷製本廠

發　　　行：香港聯合書刊物流有限公司
　　　　　　香港新界荃灣德士古道 220-248 號
　　　　　　荃灣工業中心 16 樓
　　　　　　電話 (852) 2150-2100 傳真 (852) 2407-3062

臺灣總經銷：貿騰發賣股份有限公司
　　　　　　電話：886-2-82275988 傳真：886-2-82275989
　　　　　　網址：www.namode.com

版　　　次：2023 年 2 月初版
國際書號：978-988-76545-5-1
定　　　價：港幣 180 元　新臺幣 700 元

Published and printed in Hong Kong

本書封面由鄭國雄先生題字，他也是作者的父親，本書的主角。